야생 붓꽃

The Wild Iris

야생 붓꽃

작품 해설 세 개의 모놀로그 혹은 한 개의 트라이얼로그_신형철

옮긴이의 말 꿀벌이 없는 시인의 정원에서_정은귀

SIGONGSA

세 개의 모놀로그 혹은
한 개의 트라이얼로그

신형철(문학평론가)

2020년 노벨문학상을 루이즈 글릭에게 수여하면서 한림원이 특별히 언급한 것은 그의 열 번째 시집 《아베르노》(Averno, 2006)였지만, 그것이 《야생 붓꽃》(1992)이었더라도 전혀 이상하지 않았을 것이다. 그에게 퓰리처상을 안긴 《야생 붓꽃》은 《아베르노》와 함께 손꼽히는 대표작이기 때문이다. 위원회가 글릭만의 "시적 목소리"(poetic voice)를 높이 평가하기도 했지만, 특히 이 시집은 '목소리'와 관련하여 중요한 질문을 제기하고 스스로 하나의 답이 된 사례라고 할 만하다. 《야생 붓꽃》에는 여러 목소리가 있다. 식물의, 인간의, 그리고 신의 목소리. 대체로 식물은 인간을 향해 말하고, 인간은 신을 향해 말하며, 신은 자기 자신에게 말한다. 이 세 종류의 화자-발화로 쓰인 시가 시집을 삼등분한다. 이 글의 목표는 일차적이고 기초적이다. 세 목소리를 정확히 구별하고, 각각의 목소리가 어떤 말을 하고 있는지를 축어적으로 따라가 보는 일이 그것이다.

식물의 말

끔찍해, 어두운 대지에 파묻힌
의식으로
살아남는다는 건.

그러고는 끝이 났지: 네가 두려워하는 것, 영혼으로
있으면서 말을 하지
못하는 상태가, 갑자기 끝나고, 딱딱한 대지가
살짝 휘어졌어. 키 작은 나무들 사이로

내가 새라고 생각한 것들이 빠르게 날고.

다른 세상에서 오는 길을
기억하지 못하는 너,
네게 말하네, 나 다시 말할 수 있을 거라고: 망각에서
돌아오는 것은 무엇이든
목소리를 찾으러 돌아오는 거라고:

〈야생 붓꽃〉 부분

고통의 끝에는 죽음이 있을 뿐이라고 했던 '너'(가드너로서의 루이즈 글릭, 혹은 인간 전체)에게, 고통의 끝에 있는 것은 어떤 출구라고 '나'(야생 붓꽃)는 당당히 말한다. 지상의 소음이 희미하게 들리고 햇빛조차 뚫고 들어오지 못하는 땅속에서, 의식만 남은 채 묻혀 있는 것은 끔찍한 일이었다고, 그러나 말을 할 수 없는 상태의 그 고통이 문득 끝나는 순간, '나'는 다른 세상에서 이 세상으로 올 수 있었다고 말이다. 화자는 그 일의 의미를 이렇게 설명한다. "망각에서 돌아오는 것은 무엇이든 목소리를 찾으러 돌아오는 것." 이 시에서 지하의 존재는 보이지 않고 (그렇기 때문에) 들리지 않는다. 흔히 하위주체(서발턴, subaltern)라는 말로 지칭되는, 자기 재현/대의에 실패하는 존재에게 바쳐진 시로 읽어 볼 수도 있을 것이다. 죽은 줄 알았던 식물이 살아나듯, 그들이 돌아올 수 있고 또 돌아와야 하는 것은, 그들이 할 말을 가졌기 때문이다. 예컨대 다음 시에서 그 '할 말'은 이토록 날카롭게 말해진다. (시 제목을 '개기장풀'이라 번역을 하긴 해야 하겠지만, 영어 이름이 'witchgrass', 즉 '마녀의 풀'임을 염두에 두고 읽어야 할 것이다.)

당신이 나를 그렇게나 끔찍이 싫어한다면

내게 애써 이름 붙여 주시지

않아도 돼요: 당신의 언어에

비방하는 말이 하나 더

필요한가요,

한 부류에 모든 책임을

돌리는 또 다른 방식—

당신이나 나나 알잖아요,

하나의 신을 섬기려면

하나의 적만 있으면

된다는 걸—

내가 그 적은 아닙니다.

이 화단 바로 여기서

일어나는 일을 외면하기 위한

하나의 핑곗거리일 뿐,

실패의 작은

모범 사례죠. 당신 소중한 꽃들 중 하나가

여기서 거의 매일 죽고 있어서,

당신은 쉴 짬이 없는 걸요,

그 원인을 처리해야 하니, 이 말은

뭐가 남든지, 그 어떤 것도

당신 개인의 열정보다

더 질길 거라는 뜻이지요—

　이 화자-식물은 정원을 가꾸는 인간에게 힐난한다. 당신은 소중한 꽃들이 죽어 가니 무언가 탓할 거리가 필요했던 것이라고, 그래서 '잡초'인 '나'를 원인으로 지목해 '마녀의 풀'이라고 이름 붙인 것이 아니냐고 말이다. 왜 인간들은 이런 식이냐고, 왜 슬프다고 엉뚱한 곳에 화풀이를 하느냐고("애도하면서 동시에 탓하는"), 개기장풀은 날카롭게 꼬집는다. 그것은 당신이 사실상 문제에 제대로 대처하지 못하고 있다는 뜻이라고, 그래서 이와 같은 낙인과 혐오는 인간이 자주 범하곤 하는 실패의 "작은 모범 사례"일 뿐이라고 말이다. 더 나아가 이 잡초는 말한다. '당신 뜻대로 되지 않을 것이다, 당신이 오기 전부터 우리는 있었고 당신이 사라진 후에도 우리는 여기 있을 것이다, 당신의 혐오가 철회되거나 그것이 찬사로 바뀌거나 하는 변화에 우리는 연연하지 않는다, 우리가 이곳의 주인이기 때문이다.' 마지막 한 줄은 그 당당한 선언이다. "내가 그 들판을 만들 것입니다."

위대한 것은
생각이 있는 게
아니랍니다. 느낌들:
아, 제게는 느낌이 있어요, 그
느낌들이 저를 다스리지요. 제게는
태양이라 불리는 하늘나라
영주가 계셔서, 그분께
나를 열어서, 제 가슴의

불을 보여 주지요, 그가 제 가슴에

있는 것만 같은 그런 불을.

심장이 없다면 그런 영광이

어떻게 가능할까요? 오, 형제자매들이여,

당신도 한때는 나와 같았지요, 그 옛날,

인간이 되기 전에요, 한때는 당신도

자신을 활짝 열었고, 다시는

열리지 않았지요? 왜냐하면 진실로

나는 당신이 말하는 방식으로

지금 말하고 있으니까요. 나는 말을 해요,

산산이 부서졌으니까요.

〈꽃양귀비〉 전문

이 시에서 식물과 인간의 차이는 '느낌'(feeling)과 '생각'(mind)의 차이로 설명된다. 꽃양귀비는 느낌의 존재다. 실제 그 꽃의 형상이 그러하듯, 가슴을 활짝 열고 있는 그 강렬한 모습은 이 존재의 핵심에 불이, 내재화되고 일체화된 신성이 품어져 있다는 상상을 하게 만든다. 인간은 왜 그렇지 못한가 하는 반문이 뒤따라 나올 수밖에 없다. 오늘날 인간의 삶은 일상적 세계 곳곳에 존재하는 신성을 더는 발견하지 못하는, 그런 의미에서 허무주의적인 것에 불과하다는 하이데거의 관점을 떠올리게도 하는 대목이다. 그래서 꽃양귀비는 인간에게 묻는다. 한 번은 그렇게 자신을 활짝 열어 본 적이 있지 않으냐고, 왜 다시는 열지 않으려 했느냐고 말이다. 그런데 이 시의 후반부에서 식물과 인간은 뜻밖에도 포개진다. 꽃양귀비는 자신이 "산산이 부서졌으니까" 그 때문에 "당신이 말하는 방식으로" 말하게 되었다고 고백한다. 왜 부서지고서야 인간처럼 말을 하는가. 뒤집어 생각하면, 인간의 말이란 부서진 존재이기 때문에 가질 수 있게 되는, 불완전하고 서글픈 수단이라는 뜻이 된다. 그것은 물론 '느낌'이 아닌 '생각'의 매체일 뿐이고, 그래서 "위대한" 것일 수가 없다는 것이다.

'야생 붓꽃'은 죽음, 망각, 침묵에서 귀환해 오는 강인함으로 인간의 무지를 다그쳤고, '개기장풀'은 인간이 제 실패를 수습하기 위해 혐오를 발명해 내는 경로를 힐난했으며, '꽃양귀비'는 인간이 신성을 잃어버리고 손에 쥐게 된 부서진 말들의 한계를 알려 주었다. 여기서 언급하지 않은 다른 많은 식물까지 포함해서 말하건대, 이곳은 목소리들의 정원이다. 루이즈 글릭이 아니었더라면 식물들이 인간을 향해 이렇게 많은 말을 하고 있다는 사실을 알 수 없었을 것이다. 많은 시인이 이와 유사한 시도를 하다가 오히려 타자의 목소리를 강탈하고는 했다. 말할 수 없는 것들이 말할 수 있게 하겠다면서 실은 그들 뒤에서 복화술을 행하는 방식으로 말이다. 아무리 까다롭게 평가한다 해도 글릭이 같은 오류를 범했다고 말하긴 어려울 것이다. 정원 일을 통해서만 체득할 수 있는 식물생태학의 실증적 뒷받침 속에서, 그는, 인간이 듣기에 좋은 말이 아니라 들어야만 하는 바로 그 말을 들려준다.

인간의 말

〈아침 기도〉 일곱 편과 〈저녁 기도〉 열 편이 여기에 속한다. 첫 번째 〈아침 기도〉에는 의미심장한 고백이 있다. 시인의 아들 노아가 우울증 환자들은 봄을 싫어한다고, "안과 밖의 세계가 불균형지니까" 그렇다고 말한다. 시인은 자신의 경우는 좀 다르다고, 봄이 되니 살아 있는 나무와 열정적으로 동일시하게 되고, 그 기분이 평화롭기까지 하다고 답한다. 그러자 노아는 행복한 사람들은 떨어지는 이파리처럼 정원을 배회한다고, 그러니까 전체가 아니라 부분으로서 자신을 인지한다고, 그런데 어머니처럼 그렇게 (이파리라는) '부분'이 아니라 (나무라는) '전체'와 동일시하는 것이야말로 "우울증 환자의 오류"라고 설명한다. 우울증의 실제 증례에 대한 의학적 논의는 우리 몫이 아니지만, 화자가 정원을 가꾸는 일을 통해 해결해야 할 심리적 문제가 있다는 것 정도는 알 수 있다. 그래서 신을 생각하고 또 부르게도 되는 것이리라. 〈아침 기도〉(2)에서 화자는 "사랑을 되돌려 주는 것만 사랑하는 것은 인간의 본성이 아니라는 것"을 알고 있다고 했지만, 그러니 응답 없는 신도 사랑해야 하는 것이겠지만, 그러나 그게 쉬운 일은 아니어서, 화자는 자주 제 답답함을 토로한다.

나 당신 사랑한다 말하면 나를 용서해 줘요: 약자가
언제나 겁에 질려 내몰리니까 강자는 늘
속고 있잖아요. 내가 품지 못하는 걸
나는 사랑할 수 없어요, 그리고 당신은 사실상
아무것도 보여 주지 않잖아요.

(…)

당신은 보셔야 해요

믿음을 돋우는 이런 침묵은 우리에게 아무 소용없다는 걸.

〈아침 기도〉(3) 부분

사랑한다는 말이 왜 용서를 받아야 하는가. 거짓말이기 때문이다. 약자인 인간이 겁에 질려 신에게 하는 거짓말. 그러니 신은 속고 있는 셈이다. 화자는 인간이 스스로 품을 수 없는 것을 어찌 사랑할 수 있겠느냐고 항변한다. 역자가 '품다'(conceive)라고 옮긴 말은 여기서는 '눈으로 볼 수 있는가'의 문제와 결부돼 있다. 신이 아무것도 보여 주지 않기 때문에, 화자는 신의 존재를 확신하고 그를 진정으로 사랑하기 어렵다. 그래서 화자는 (인용을 생략한 대목에서) 당신은 변함없이 그 자리에 있는 산사나무와 같은지, 아니면 종잡을 수 없는 폭스글로버와 같은지를 묻는다. 물론 신은 답이 없다. 그리고 그런 침묵은 (《욥기》에서처럼) 역설적이게도 인간의 '믿음'을 강하게 만들기도 한다. 그러나 화자의 생각은 다르다. '믿음을 더하는 침묵'은 아무 소용이 없다고 말이다. 그래서 〈아침 기도〉(4)에서는 "차라리 나, 자작나무에게 말 걸며 사는 게 나을지도 몰라요"라고 탄식하기에 이른다. 이어지는 〈아침 기도〉 두 편은 별다른 위장 없이 화자의 육성을 옮겨 놓고 있다.

내가 시간을 어떻게 보내는지 알고 싶지요?
나는 잡초를 뽑는 척하며 앞마당 잔디를
거닐어요. 당신은 아셔야 해요,
무릎 꿇고, 꽃밭에서 토끼풀 뭉텅이 뜯어내면서
내가 잡초를 뽑고 있지 않다는 걸: 사실
난 용기를 찾고 있는 중이예요, 내 인생이 바뀔 거라는

어떤 증거를 찾고 있어요,

〈아침 기도〉(5) 부분

내 심장이 당신께 무엇이길래

새 품종을 시험하는 정원사처럼

당신은 내 심장을 자꾸만

부수나요? 다른 걸로

연습하세요: 내가 어찌, 당신 원대로,

무리 속에서 살 수 있을까요, 당신이

내 종족의 건강한 이들에게서

나를 갈라 놓고 괴로운 격리를

강요하시면요

〈아침 기도〉(6) 부분

　〈아침 기도〉(5)에서 화자는 가드닝이 자신에게 어떤 의미인지를 고백한다. 그는 "용기"를 찾고 있고, "내 인생이 바뀔 거라는 어떤 증거"를 찾고 있다. 그 증거가 될 "상징적인 이파리"(the symbolic leaf)를 하나 찾으려고 온 덤불을 다 뒤지고 있다는 것이다. 그래서 지금(시의 후반부) 화자의 손에 무엇이 있는가. 아무것도 없다. 이렇게 '징표'(sign)도 없이 계속해 나가는 게 핵심이냐고 화자는 다시 한번 대답 없는 신을 향해 묻는다. 이어지는 〈아침 기도〉(6)에서 화자는 자신이 건강하지 못하다는 것을, 그로 인해 평범한 사람들의 세상으로부터 고립된 채로 살아갈 수밖에 없는 현재의 상황을 문제 삼는다. "병든 장미"와 "진딧물"조차 정원에 거두는 신이 왜 자신은 외롭게 두느냐고 말이다. 루이즈 글릭의 거식증과 우울증 병력을 생각하게 되는 대목이다. 이렇게 〈욥기〉를 연상케 하는 내용과 어조의 기도가 〈아침 기도〉 내내 이어지다가, 〈저녁 기도〉 연작의 앞 시편들에서 잠시 분위기의 전환을 보여 주는가 싶더니, 계절이 가을을 향해 가는 연작의 후반부에는 다시 아래와 같이 바뀐다.

당신이 계획했던 것, 당신이 의도했던 것을 나 알아요, 내게
세상을 사랑하라고 가르치는 것, 완벽히 돌아서고
완벽히 닫아 버리는 걸 다시는 못 하게 만들기—
그건 어디에나 있어요; 내가 눈을 감을 때,
새의 노래, 이른 봄 라일락 향기, 여름 장미 향기:
당신은 데려가려고 하지요, 꽃들 하나하나, 대지와 연결된 그 하나하
나—
왜 당신은 내게 상처를 주려 하나요, 어째서 당신은 내가 마지막에
적막해지길 바라시나요, 내가 희망에 그리도 목매는 걸 당신이 원치
않으시면
나는 마침내 아무것도 내게 남지 않았다는 걸
보지 않으려 할 텐데요, 그 대신 마지막엔
당신만이 내게 남겨졌다는 걸 믿을 텐데요.

〈저녁 기도〉(7) 전문

　　화자는 신의 계획과 의도를 안다고 믿는다. 화자가 세상을 사랑하게 만드는 것, 그것일 수밖에 없다고 말이다. 세상에 등을 돌리거나 문을 걸어 잠그는 일이 불가능해지도록 만드는 일. 왜냐하면 화자에게는 이제 정원이 있으니까. 지금 정원 속에 있지 않더라도, 눈만 감으면 곧장 떠올릴 수 있는 자연의 아름다움이 있으니까. 봄의

라일락과 여름의 장미가 뿜어냈던 향기를 지금도 되살려 낼 수 있으니까. 그러나 여름을 지나 가을을 향해 가는 지금, 그 자연의 아름다움을 신은 걷어 가려 한다. 그래서 화자는 다시 묻는다. "왜 당신은 내게 상처를 주려 하시나요, 어째서 당신은 내가 마지막에 적막해지기를 바라시나요"라고 말이다. 이렇게 묻지 않을 수 없는 것은 화자에게 희망에 대한 갈구가 있기 때문이다. 차라리 그것이 없다면, 하고 화자는 탄식한다. 그렇다면, 봄과 여름의 찬란하던 모든 것들이 사라진다 해도, 이제 자신에게는 아무것도 남지 않게 되는 것이 아니라 (역설적이지만) 그럼에도 신은 남아 있다고 생각하게 되지 않았을까, 하고 말이다.

이처럼 신의 부재와 침묵에 대해 지치지 않고 문제를 제기해 온 인간-화자는 이제 시집의 끝에 이르러 다음과 같은 인식에 도달한다. 먼저 "당신은 도처에 있다, 지혜와 고뇌의 원천으로"(〈저녁 기도: 재림〉)라는 말은 '신의 부재'라는 문제에 대해 화자가 나름의 각성에 도달했음을 보여 주는 대목이다. 이에 더해 "이제 당신 목소리가 사라졌어요. 거의 들리지 않아요."라는 발견 앞에서 좌절하지 않고, "이제, 저는 모든 곳에서 침묵으로 듣습니다"라고 함으로써 변증법적 반전을 시도하는 화자의 모습(〈저녁 기도〉9)은 '신의 침묵'이라는 또 다른 문제에 대한 해결책이라고 할 만하다. 요컨대 신은 어디에나 있고, 언제나 말하고 있다. 신에게 간구하는 자가 얻어 낼 수 있는 답이 이와 다른 것일 수 있을까. 답은 늘 같다. 중요한 것은 그 답에 도달하는 과정의 열도(熱度)가 어느 정도인가 하는 것, 그래서 그 답이 진정으로 자기 자신을 설득하는 데 성공하도록 만들 수 있는가 하는 것이다. 이제 보겠지만 루이즈 글릭이 신을 화자로 설정한 몇 편의 시를 쓰기까지 한 것은 자신의 답을 온전히 자기 것으로 만들기 위한 노력일지도 모른다.

신의 말

볼테르의 《캉디드》(1759)에서 세상의 모든 불행을 다 겪은 일행이 마침내 도달한 곳은 어느 농가이고 그곳에서 캉디드는 이 세상 최후의/최고의 진리 하나를 이렇게 발설한다. "우리는 우리의 정원을 가꿔야 합니다." 세계 중심부의 폭력과 재앙에서 벗어나 나날의 일상에 충실한 삶이 최선이라는 뜻이다. 그러자 비관주의자 마르틴도 노동의 중요성을 강조하며 맞장구를 친다. "그것이 인생을 견딜만하게 해 주는 유일한 방법이에요." 이들의 결론이 신의 동의를 얻었는지는 알 수 없다. 그러나 여기 글릭의 정원에서는 신도 입을 연다. 정원을 이루는 것은 식물과 인간뿐이라고 생각하기 쉽지만, 그 둘에 영향을 미치는 다른 변인이 있다. 시간의 흐름에 따라 순차적으로 나타나는 계절 현상이 그것이다. 이 시집의 목소리들 아래에 선형적 시간이 흐르고 있다는 점을 놓쳐선 안 된다. 〈눈풀꽃〉과 〈봄 눈〉 등과 함께 시집이 열리고, 〈수확〉과 〈구월의 황혼〉과 함께 시집의 문이 닫히니까, 이른 봄에서 초가을까지라고 하면 되겠다. 시간 정보가 제목에 포함된 시편들이 모두 계절의 주재자인 신의 말이다.

나 자신을 이미지들에
한정짓는 일, 계속 못하겠어,

넌 나의 의미에 이의를 제기하는 게
네 권리라고 생각하니까;

나 이제 네게 명료함을 강요할
준비가 되었어.

〈맑은 아침〉 부분

너희가 뭘 바랐든,
정원에서 자라는 식물들 사이에
너희의 자리는 없을 거야.
너희들 삶은 식물들 삶처럼 순환하는 게 아니니;

너희들 삶은 새가 나는 것처럼
고요 속에서 시작하고 끝이 나지—
하얀 자작나무에서부터 사과나무까지
아치처럼 이렇게 메아리치는 형식으로
*시작*하고 끝이 나지.

〈물러가는 바람〉 부분

오랫동안 관찰하며 인간을 위해 맞춰 왔지만, 이제는 충분히 오래 봤으니, 내가 원하는 대로 하겠다는 선언이 첫 번째 시에 담겼다. 매개체를 통해 우회적으로 말해 왔고, 지상의 디테일로만, 이미지를 통해서만 말해 왔는데, 신이 전달하려 애쓴 의미는 자주 인간들의 이의 제기에 부딪쳤고 신은 이제 다른 방식을 택할 생각이다. "난 이제 네게 명료함을 강요할 준비가 되었어." 신의 말이 시인을 통해

재현될 수 있고 또 되어야 하는 이유를 마련하고 있는 대목이다. 이제 명료해지기로 작정한 신은, 두 번째 시에서, 인간이 가엽다고 말한다. 자신이 준 선물을 인간이 충분히 누리질 못하고 있기 때문이다. "땅 침대", "공기 담요", 그리고 결정적으로 "[인간이] 사용법을 몰랐던 시간"이 그것이다. 인간의 삶은 식물처럼 "돌고 돌지" 않고 "시작"과 "끝"이 있는 직선일 뿐인데, 식물을 가꾸는 인간이 제 한계에 충분히 자각적이지 않은 것처럼 보였던 모양이다. 정원과 인간의 이 엇갈림은 신의 목소리에 연민이 배어들게 한다.

나 다시는 하지 못했다,
그걸 바라보는 걸 차마 견딜 수 없어—

정원에서, 가는 빗줄기 속에서
완두콩 한 줄 심고 있는
젊은 연인들, 아무도
이 일 해 본 적 없는 것 같아,
아직까지 엄청난 시련들 맞닥뜨리지도
해결해 보지도 않은 것 같아—

연인들은 자신들을 보지 못하네,
상쾌한 흙 속에서,
아무 관점 없이 시작하면서,
그들 뒤엔 꽃들 구름처럼 드리운 담록색 구릉이—

여자는 그만하기를 원하고;

남자는 끝을 보고 싶어 해,
그것과 계속 있고 싶어 하네—

그녀를 좀 봐, 휴전하려고
그의 볼을 만지네, 손가락이
봄비에 청량하고;
가는 풀에서, 보라색 크로커스 꽃망울 터뜨리고—

여기서조차, 사랑의 시작에서조차,
그의 얼굴을 떠나는 그녀의 손은
출발하는 이미지를 연출하네,

그리고 그들은 생각하네,
이 슬픔을
못 본 척할 자유가 있다고.

〈정원〉 전문

　　과거 에덴에 남녀를 창조했다가 추방했던 신이 지금은 또 다른 정원에서 어느 남녀의 노동과 사랑을 지켜본다. 둘 중 누구도 경험이 있어 보이지 않고, 시련을 겪으며 배운 바도 없어 보인다. 게다가 비까지 내린다. 그들은 자신들이 어떤 상태인지 볼 수조차 없고, 일의 귀추에 대해 아무런 퍼스펙티브(perspective, 시야 혹은 전망)도 가질 수 없다. 여기서 남자와 여자는 갈라진다. 남자는 일을 계속할 것을, 여자는 집으로 돌아가기를 바란다. 4연과 5연 사이에는 약간의 언쟁이 있었던 것일까. 5연에서 여자는 "휴전"을 하기 위해 남자의 뺨을 만지다 그 손을 거둬들이고 있는데, 신은 그 거둬지는 손에서 어떤 '출발의 이미지'(an image of departure)를 읽는다. 함께 미래로 출발하는 것이 아니라, 남자로부터 여자의 마음이 출발하는(떠나는) 것이다. 관계 내부의 이 균열, 혹은 이별의 기미를 남자와 여자는 모른 척하지만, 신은 그것을 놓치지 않는다. 이것은 특정한 연인(부부)의 풍경이라기보다는 "슬픔" 없이는 지상에서 살아가지 못하는 일반적 인간 풍경의 묘사라고 봐야 할 것이다. 이 연민의 시선이 다음 시에서는 언짢음의 기색을 띤다.

그 누구의 절망도 나의 절망과 같지는 않다 —

이 정원에 너희의 자리는 없다
그런 것들 생각하며 그 지겨운
표면의 흔적들을 만드는 너희들; 그 남자,
온 숲의 잡초를 야무지게도 뽑고 있다,
그 여자는 절뚝거리며 옷을 갈아입으려고도
머리 감으려고도 하지 않는다.

너희들이 서로 말하는지
내가 신경 쓸 거라 생각하니?
그런데 이건 알아 두면 좋겠어,
마음을 가진 두 창조물이
더 나은 존재들이길 내가 기대했던 걸:
너희가 서로를 진심으로 아끼지 않는다 해도,
적어도 너희가 알았으면 했지,

비탄은 나누어 퍼진다는 걸

너희들 사이에서, 너희들 집단에서, 나는

너희를 아니까, 짙은 파랑이

야생 실라꽃에, 하양이

숲 제비꽃에 흔적을 남기듯.

〈사월〉 전문

　이 시에서 인간의 노동은 신에게 냉정한 평가를 받는다. 그것은 "지겨운 표면의 흔적들"(the tiresome outward signs)이 되고 있을 뿐이다. 풀이하자면, 신이 보기에 뭔가 신경 쓰이게 하는 징후들만 외부로 노출되고 있을 뿐 내적으로 생산적이고 충만한 노동이 되고 있지 못하다는 것이다. 관계의 불모성이 노동의 비생산성을 낳았다는 게 신의 판단이다. 핵심은 "비탄은 나누어 퍼진다는 걸 너희들 사이에서"라고 번역된 "grief is distributed between you"라는 문장이다. 비탄은 모두에게 분산돼 있다는 것이다. 누구도 슬프지 않은 사람은 없다는 말이다. 서로를 실제로 돌보지는 못하더라도, 그렇다는 사실만큼은 알았으면 하고 신은 바랐다. 그러나 남자와 여자는 말을 섞지 않는다. 자기만이 절망적이라고, 자기의 절망만이 중요하다고 생각하기 때문이다. 시인이 강조해서 표기한 첫 문장은 지금 두 남녀의 내면에 자리 잡은 자기중심성, 서로를 돌보지 않아 생긴 절망의 고립 상태를 꼬집는 말이다. 그러면서 인간은 그토록 부당하다는 듯이 신의 부재와 침묵을 탓해 왔단 말인가. 신의 마지막 말은 결국, 별다른 주석이 필요하지 않은, 다음과 같은 구절들 속에 있다고 해야 할 것 같다.

내 커다란 행복은
절망 속에서도 내게 외치는
네 목소리가 만드는 소리; 내 슬픔은
네가 내 거라 받아들이는 말로
네게 대답할 수 없다는 것.

〈저녁노을〉 부분

여름밤에 나는 네게 노래를 불러 주었지, 충분히 오래.
마지막에 가선 내가 너를 이길 거야; 세상은 너에게
이처럼 한결같은 전망을 주지 못하잖아.

너는 나를 사랑하는 법을 배워야 해. 침묵과 어둠을
사랑하는 법을 사람은 배워야 해.

〈자장가〉 부분

**

지금까지의 축어적 읽기에서 한발 더 나아가 '목소리들의 관계'를 생각하며 읽는 일이 이후 우리 모두의 과제로 남는다. 언뜻 보면 이 시집의 목소리들은 고립돼 있다. 《야생 붓꽃》은 많은 목소리가 있음에도 몹시 외로운 시집이다. 화자들 각자의 목소리는, 결국, 독자에게만 들리기 때문이다.* 그렇게 세 목소리는 불화한다. 세 목소리가 예정된 조화를 향해 나아갔다면 진부해졌을지도 모른다. 아름다움은 불화를 봉합하는 것이 아니라 그것을 살아 내는 데서 온다고 보는 사람에게는 말이다. 그러나 각 시편 사이에 유기적 연결

이 있다는 점은 부정할 수 없다. 인간이 잡초를 뽑는 장면(《사월》) 뒤에 잡초의 발언이 나오거나(《개기장풀》), 말하기에 지친 신이 인간 스스로 이야기를 해야 한다고 말한 이후(《물러가는 빛》) 인간이 글쓰기를 시작하는 장면이 나오거나(《저녁 기도: 재림》) 하는 식으로 말이다. 이렇게 보면 세 주체 사이에 대화가 실현된 것은 아니지만 대화적 관계가 잠재돼 있다고 말할 수는 있다. 이 대화를 현실화시킬 수 있는 유일한 존재는 독자다. 그것은 세 개의 독백을 하나의 트라이얼로그로 만들어 나가는, 일종의 서사화 작업이 될 것이다.

한 사람이 세 개의 목소리를 창조해 내고 그것들 사이에 이토록 팽팽한 힘의 균형을 이뤄 내는 것은 쉬운 일이 아니다. 제 내면을 탐사하고 이를 건축적으로 설계해 낸 장엄한 시도다. 예술적 자기 분열의 시도이자 내적 사제(師弟) 관계의 발명이라고 할 수도 있다. 이는 무엇보다도 시인 자신을 설득하고 치유하기 위한 것이었겠지만 그 수혜자는 독자 모두가 된다. 여기서 글릭의 수상 이유로 거론된 "unmistakable poetic voice"를 다시 생각해 볼 일이다. 국내 보도들은 'unmistakable'을 '확고한', '뚜렷한', '분명한' 등으로 대수롭지 않게 옮겼다. 이것을 '실수를-범할 수 있게 하지-않는'이라 옮기는 것까지는 무리더라도 단어 자체는 그런 뜻임을 음미할 필요가 있을 것이다. 그는 자신이 아닌 다른 존재의 목소리로 말하더라도 독자를 그 존재들에 대한 오해와 착오로 이끌지 않는다. 그리고 그것이 한 사람의 놀라운 자기 탐구와 거듭남의 결과임을 실감할 수 있게 만든다. 시를 두고 '위대한'이라는 말을 쓸 수 있는 드문 순간이 바로 이런 때다.

• "*The Wild Iris* is a strikingly lonely collection, despite its many voices, because each of its speakers is audible, in the end, only to the reader." Issac Cates, "Louise Glück: Interstices and Silences.", *Literary Imagination: The review of the Association of Literary Scholars and Critics.* 5.3 (2003), p. 468.

꿀벌이 없는 시인의 정원에서

정은귀

"내 말 좀 들어 봐"라는 말

미국은 정원을 가꾸는 일이 특별한 취미가 아니고 일상인 나라다. 동네를 산책하다가 어느 집 담벼락에서 고개를 수그리고 꽃을 심는 누군가가 있다면 잠시 멈춰 서서 계절과 꽃 이야기를 건네 보라. 처음 보는 모르는 이웃과 친해지는 가장 쉬운 길일 것이다. 글릭의 시집 《야생 붓꽃》을 들고 그 안에 담긴 꽃 이야기를 하는 걸 상상해 본다. 아마 이웃은 반겨 인사할 것이다. 우리에겐 다소 낯선 꽃 이름도 많지만 미국의 일상에서 이 시집에 등장하는 꽃과 풀은 그다지 낯설지 않다. 잡초까지도. 꽃은 일상이다. 꽃은 단조로운 하루에 빛을 주는 가깝고 친근한 생명이다. 꽃을 잘 들여다보지 않는 것은 우리다. 시인 글릭은 《야생 붓꽃》에서 바로 그 낯익은 생명들을, 또 그 생명을 꽃을 가꾸는 정원사의 일과를 초대한다. 그리고 "내 말 좀 들어 봐"라고 청한다. 야생 붓꽃의 목소리로.

그런데 그 말을 귀담아 듣고 온전히 이해하는 일은 생각보다 쉽지 않다. 시집 전체가 54편의 비교적 짧은 시들로 이루어져 있다. 비교적 간명한 단어들이라 굳이 사전을 찾아 볼 필요도 없다. 그런데 기이하게도 금방 뜻이 들어오지 않고 아리송할 때가 많다. "내 말 좀 들어 봐" 해 놓고선 호락호락 넘어오지 않겠다는 듯, 시는 여러 겹의 목소리로 독자들을 혼란에 빠트린다. 이 시집을 독자들은 여러 번 되풀이해 읽어야 될지도 모르겠다. 아니, 어쩌면 꽃을 들여다볼 때처럼 세심하게 보면 그걸로 충분할 지도 모르겠다. 어떻든, 이 시집은 사람이건 꽃이건, 풀이건, 저녁나절 햇살이건, 여름 오후 바람이건, 대상을 세심하게 보지 않고 멀리서 예쁘다, 별로다, 심드렁하게 쉽게 결론을 내리는 우리의 습관을 다시 보라고, 단호하게 허리를 곧추 세우라고 요구하는 것 같다.

글릭의 시에 대해 '어렵지 않은 것 같은데 묘하다, 혹은 알 것 같은데 모르겠다' 말하는 평자들이 많은 것은, 글릭의 시가 대답하기보다는 질문하는 시이기 때문이다. 그 질문은 다양한 목소리의 변주에서 나온다. 그 목소리의 변주는 시인으로서는 가면일 수도 있다. 유독 적나라한 고백을 싫어하는 시인이니 말이다.

이번 시집을 번역하면서도 가장 고심했던 것이 그 목소리의 결을 살리는 일이었다. 시집을 읽는 방법이 여러 갈래가 있겠지만, 시를 먼저 읽지 않고 이 글을 읽고 있다면, 일단 여기서 덮고, 시로 돌아가 시와 먼저 만난 다음에 이 글을 읽고 다시 시를 읽어 보시라 권하고 싶다. 그래야 "내 말 좀 들어 봐"라는 야생 붓꽃의 간곡한 외침이 각자의 세계 안에서 더 실감나게 들릴 것이기 때문이다. 시에 관한 한, 때로는 직선의 이해보다는 헤매며 고민하는 시간이 각자의 세계 안에서 더 많은 의미를 품게 하는 법이니 말이다.

1992년 출판된 시인의 여섯 번째 시집 《야생 붓꽃》은 시인에게 퓰리처상과 윌리엄 칼로스 윌리엄스 시 협회상을 안겨 준 대표작이다. 미국시사에서 식물에게 이렇게나 다양하고 생생한 그들만의 목소리를 부여한 시인은 그 이전에도 그 이후에도 없다. 정원 가꾸기가 취미였던 에밀리 디킨슨(Emily Dickinson, 1830~86)이 자연에 대한 시, 특히 꽃을 매우 섬세하게 관찰하고 묘사하는 시를 많이 썼지만, 글릭처럼 이토록 온전히 꽃의 목소리를 직접 구사하지는 않는다. 동시대 시인 메리 올리버(Mary Oliver, 1935~2019)도 자연과 가까이 한 삶에서 다른 존재들에 대한 시를 많이 썼지만 인간의 시선으로 대상을 면밀히 보는 시들이 많았다. 글릭에게 이르러 꽃은 비로소 꽃 자체가 된다.

글릭은 1968년 시집 《맏이》(Firstborn) 출간 이후 최근까지도 꾸준히 시를 써 왔다. 2020년 노벨문학상을 받아 시인으로서는 최고로 영광된 정점을 찍은 셈이지만, 미국에서는 이미 시인으로서 탈 수 있는 상을 거의 다 받았기에 노벨문학상이 시인의 최고의 정점은 아닐 것이다. 노벨문학상을 수상하는 자리에서 "난 보잘것없는 이! 당신은 누군가요?"(I am Nobody! Who are you?)로 시작하는 디킨슨의 시를 읽은 것만 보더라도 시인의 성향을 짐작할 수 있다. 노벨문학상 수상을 알리는 스웨덴 한림원과의 짧은 인터뷰 끝에 "몇 분 지났죠? 얼른 가서 커피를 마셔야 하는데"라고 말했으니, 글릭에게 시인의 이름으로 주어지는 명예는 일상을 유지하는 작은 리듬보다 더 크지 않으며, 그 흐름 속에서 글릭은 견고하게 시의 언어를 구축해 왔다.

《야생 붓꽃》은 글릭의 시적 실험을 선명하게 보여 주는 시집이다. 시집은 꽃과 정원사-시인의 기도와 신이 함께 거주하는 정원의 세계다. 아침저녁으로 나가서 꽃을 살피고 꽃과 대화하고 날씨를 보고 햇살과 바람을 느끼는 곳이지만 그 정원은 이상하게도 꿀벌이 없는 정원이다. 글릭이 좋아하는 시인 디킨슨의 정원은 꿀벌로 가득한데, 글릭의 정원은 꿀벌이 없다. 그래서 실제의 정원이라기보다 상상 속의 정원으로 읽히기도 한다. 글릭이 좋아하는 또 다른 시인 윌리엄스(William Carlos Williams, 1883~1963)처럼 글릭은 그림을 그리듯 시의 공간을 인잼먼트(enjambment, 행간걸침)를 적극 활용하여 세심하게 배치한다. 전체 54편의 짧은 시들은 서너 겹의 목소리들로 이루어져 있다. 꽃, 꽃나무, 풀 등의 목소리가 18편을 차지하는데, 시의 제목으로 삼은 서로 다른 꽃들이 제각각 독립적인 목소리를 가지고 말을 건넨다. 그리고 아침 기도, 저녁 기도 같은 제목으로 된 시들이 17편 있는데, 이는 정원사이자 시인의 목소리라고 보면 되겠다. 나머지 19편은 저녁 햇살이나 이른 아침, 봄 눈, 겨울 끝자락 등 다양한 방식으로 이 세계에 모습을 드러내어 세계를 주관하는 신의 목소리가 차지하는데, 이건 편의상 나눈 분류이고, 세심히 살펴보면 19편 중 15편은 신의 목소리를 입은 자연 혹은 자연의 모습을 띤 신의 목소리고, 나머지 4편은 시인 개인의 목소리가 크게 들린다. 그리고 이 목소리들은 서로가 서로에게 말을 걸고 또 말을 듣는다. 번역을 할 때, 각각의 시편들에 따라서 목소리의 톤을 정하는 것이 쉽지 않았는데, 어떤 꽃은 높임체를 쓰고 어떤 꽃은 말을 낮춘다. 어떤 시에서 신은 자애롭고 어떤 시에서 신은 친구보다 더 가볍게 인간을 놀린다.

어떤 목소리, 어떤 톤이든 간에, 시집은 시인이 줄곧 견지해 온 '서정시'를 쓰는 시인으로서의 문제의식이 팽팽하다. 20세기 내내 미국의 시단은 서정시에 우호적인 편이 아니었다. "아우슈비츠 이후에 시를 쓰는 것은 야만"(To write poetry after Auschwitz is barbaric.)이라고 일갈한 철학자 아도르노(Theodor W. Adorno)의 음성은 실은 서정시가 지나치게 자신에게 함몰되는 경향을 비판하면서 희망을 잃은 세기에 시의 목소리가 나아갈 길을 묻는 엄중한 방향타였다. 그런데 서정시의 과제를 묻는 그 질문이 너무나 자주 서정시의 종말, 나아가 시의 종말로 인용되곤 했고, 특히 1960~70년대 고백시가 한차례 휩쓸고 지나간 미국의 시단에서 서정시의 시적 주체인 '나'는 유난히 문제적이고 불안한 자리를 차지하고 있었다. 가령 이런 질문이다. 시의 진실은 어디에 있는가? 시의 목소리를 믿을 수 있는가? 무엇으로 어떻게? 독자는 시를 어떻게 만나야 하는가? 1980년대 들어 더욱 거세어진 서정-실험 논쟁에서 많은 평자들이 서정시의 종말을 선언할 때 꿋꿋하게 서정시를 쓰는 시인으로 자기 규정을 했던 글릭은 《야생 붓꽃》에서 그 곤고한 시의 자리와 시의 역할, 시의 언어가 갖는 힘을 되묻는다.

독자는 시를 차례대로 읽으면서 자기 자신에게서 나와서 꽃이 되고, 꽃을 가꾸는 정원사가 되고, 다시 신이 되어 인간에게 말을 거는 일종의 복화술사 글릭을 만난다. 꽃은 꽃에게 말을 걸고, 인간에게 말을 걸고, 신은 인간에게 말을 걸고, 정원사는 신에게 또 꽃에게 말을 건다. 사이사이 틈새로 남편과의 결혼 생활을 복기하는 중년의 여성 글릭이 있고, 미국의 시단에서 비평의 메마른 가시를 의식하는 시인 글릭이 있고, 장성한 아이들을 떠나보낼 차비를 하는 중년의 우울한 엄마 글릭이 있다. 꽃과 정원사 시인, 그리고 신이라는 다른 층위의 목소리들이 제각각 누군가에게 열심히 말을 건네는데, 그렇다고 누가 들어주는지는 미지수다. 각각의 목소리들은 모두 자기에게서 떠났다가 다시 또 열렬히 자신에게로 돌아간다. 메아리처럼. 글릭의 다른 시집에서도 자주 발견되는 떠남과 귀환이라는 그 이중 리듬이 이 시집에도 완연하다. 시인은 대체 누구에게 왜 이토록 다양한 얼굴로 말을 건네는 것일까?

질문하는 목소리들

《야생 붓꽃》 직전의 시집 《아라라트 산》(Ararat, 1990)의 마지막 시 〈첫 기억〉(First Memory)에서 글릭은 말한다. "어린 날, 맨 처음부터 나는 생각했지 / 고통의 의미는 / 내가 사랑받지 않았다는 것. / 그건 내가 사랑했다는 의미"(from the beginning of time, / in childhood, I thought / that pain meant / I was not loved. / It meant I loved.). 이제《야생 붓꽃》으로 건너 와서 시인은 정원을 가꾸면서 '살며 사랑하는' 일에 대해 이야기한다. 그건 곧 '사랑 없이 죽는' 일에 대한 이야기이기도 하다. 글릭은 우리가 나날이 지나는 일상의 순간들과 기독교 전통, 신화적 세계를 절묘하게 엮는데, 엘리엇(T.S. Eliot) 등 모더니즘 신화의 거장 시인들이 시도했던 난해한 지식의 시적 전용이 두드러지지 않는다. 먼 과거의 신화에 대한 해박한 지식을 필요로 하지 않는 시는 낮은 일상의 목소리에 지배된다. 하루치 삶에서 정원을 돌보며 경험하는 크고 작은 일들을 시인은 무심한 듯, 큰 감정의 파고 없이 엮는다. 상실과 고통을 토로하는 고백시파 시인들에게 자주 드러나는 극심한 감정의 파고가 글릭의 시에서는 두드러지지 않는다. 사랑과 삶, 죽음과 상실을 응시하는 감각이 열렬하고 끈질기지만 그 에너지는 줄곧 저류로 흐른다. 과격한 고함이나 절규 대신, 침묵과 인내, 고요한 관찰과 수긍이 있다. 인간의 실패를 용서하고 품는 너그러운 신도 있지만 냉정한 분석으로 힐난하는 인간화된 신이 있다. 그늘에서만 꽃을 피우는 연령초가 있는가 하면, 인간에게도 신에게도 고개 숙이지 않고 생의 에너지를 지피며 내 자리를 주장하는 잡초가 있다.

"내 고통의 끝자락에 / 문이 하나 있었어."로 시작하는 표제시〈야생 붓꽃〉에서 시인이 왜 이토록 집요하게 말을 건네는지 드러난다. "목소리를 찾으러 돌아오는 것," 모든 꽃의 발화는 목소리를 찾으러 오는 길이다. 시인은 꽃들의 발화를 망각에서 돌아오는 과정으로 본다. 자신의 작업은 망각에서 기억을 건져 내는 일이란 것을 강하게 환기하는 시의 마지막은 푸르게 흩어지는 물의 이미지다. 붓꽃은 보라에 가까운 푸른색으로 피어나는데, 여기서는 오비드

(Ovid)의 《변신》(Metamorphoses)에서 여인들이 강이 되고 바다가 되어 남성성의 권위를 전복하는 이미지와도 겹쳐진다. 처음 번역할 때 꽃의 말이라서 높임체를 썼다가 권위에 도전하는 꽃, 망각을 딛고 말을 하려고 죽음을 건너서 마침내 피는 꽃의 힘을 생각해서 다시 비격식체로 바꾸었다. 시마다 톤을 달리 한 것은 역자가 시를 읽으며 느낀 목소리의 결 때문이라서 혹 다른 이가 읽으면 다른 톤으로 말하고 싶어질지도 모르겠다.

두 번째 시에는 아침 기도를 드리는 정원사-시인이 나온다. 총 17편의 기도시가 같은 제목의 〈아침 기도〉(Matins) 7편, 〈저녁 기도〉(Vespers) 10편이다. 기도를 할 때 우리는 대개 작아진다. 그래서 대부분 높임체로 옮겼는데, 때로는 높임의 정도를 조절했다. 가령 두 번째 시는 아들 노아와 시인이 자연스럽게 주고받는 문답식의 대화가 기도 안에 스며들기 때문에 그 분위기를 살렸다. 첫 결혼의 기억이 짙게 드리운 첫 시집 《맏이》(Firstborn, 1968)를 보면 첫 결혼의 기억이 사랑의 환희와 상실로 무척 고통스럽게 그려졌다. 첫 시집의 우울한 분위기는 뒤로 갈수록 안정적으로 밝아지는데, 《늪지 위의 집》에서 《야생 붓꽃》에 이르는 시간은 우울과 불안에서 밝음으로 서서히 걸어나오는 치유의 과정임을 알 수 있다. 이 시는 시집 전체에서도 여러모로 중요한데, 행복에 대한 재정의가 나오기 때문이다. "전체가 아닌 / 부분의 형상으로" 정원을 배회하면서도 행복해질 수 있다는 것. 우리의 세계 인식에서 조화, 전체, 합일 등이 부분, 파편보다 우위를 점하던 시절이 오래였다. 시인은 그 사유체계를 다시 생각해 보게끔 안내한다. 이어지는 기도에서는 기도하는 정원사-시인은 에덴동산에서 쫓겨난 아담과 이브를 연상케 한다.

글릭의 정원이 에덴동산이 아니라 낙원에서 쫓겨난 이들이 노동

하는 공간이듯이, 꿀벌이 없는 글릭의 정원에 피는 꽃들은 주로 낮게 숨어서 그늘 속에서 핀다. 죽음과 같은 추위와 침묵을 딛고 돌아와 분수처럼 흩어지는 꽃이나(〈야생 붓꽃〉), "산산이 부서졌기" 때문에 말을 하고(〈꽃양귀비〉), 두터운 단풍나무 사이 간간이 비치는 태양빛에 간신히 피면서 "살아 있는 것들이 모두 똑같은 정도로 / 빛을 필요로 하지는 않아요. 우리 중 일부는 / 우리 자신의 빛을 만들어요"라고 이야기한다(〈광대수염꽃〉). 누가 들여다보지 않아도 저만치 혼자서 피는 꽃들이다. "차가운 빛 속에서 / 다시 나를 여는 법을 기억해 내리라고는" 생각하지 못했다고 말하며 "기쁨에 모험을 걸어 보자고" 말하는 〈눈풀꽃〉의 외침도 비슷하다. 절망에서 살아남으려면 긴 시간 축축한 땅 속에서의 기다림의 시간이 필요한 법. 그러니 자연스레 알게 된다. 추방당한 자들이 모여 사는 글릭의 정원에는 정원사의 살핌이 필요 없는 꽃들이 많다는 걸. 꿀벌이 등장하지 않는 것도 그런 이유이리라.

글릭의 정원에 사는 신은 우리가 아는 인자하고 참을성 많은 신이 아니다. 변덕이 많고 불만이 많아서 "(신의) 의미에 이의를 제기하는 게" 당연한 권리라고 생각하는 인간들에게 "내가 너의 한계를 다 받아 주었잖아"라며 쏘아붙이는 신이다(〈맑은 아침〉). 많은 경우, 신의 목소리를 담아 계절과 시간과 때와 햇살과 바람을 이야기하는 시들은, 다 컸다고 자기 세계를 만드는 아들 노아에게 그만 하면 되었어, 라고 말하는 엄마의 목소리가 이입된 신이다. "나 너를 태어나게 해 주었지. / 지금껏 내 비통함이 언제 / 너의 즐거움을 막은 적이 있었는지?"라고 묻는 목소리는 신의 목소리이면서 동시에 어머니의 목소리다(〈겨울의 끝〉). 그 어머니-대지-신은, "나는 들었어, 당신 울음들을, 그 울음들 이전의 울음들"이라고 말하며 바닥난 인내를 드러내 보이긴 해도, 그래도 변함없이 고요히 함께 있음을 각인시킨다(〈봄 눈〉). 그 봄 눈을 뚫고 꽃이 필 것이 때문이다. 그래서 정원사-시인은 아침 기도를 하면서, "내 심장이 당신께 무엇이길래 / 새 품종을 시험하는 정원사처럼 / 당신은 내 심장을 자꾸만 / 부수나요?"라고 물을 수 있는 것이다(〈아침 기도〉6). "잘못된 어린 시절"의 건강한 자신을 돌려달라고 청하는 그 시에서 우리는 시인이 어린 시절 감당해야만 했던 엄청난 죄의식과 책임 의식, 그로 인한 거식증과의 싸움 등도 함께 읽을 수 있다.

글릭이 미국 시단에서 느낀 고립감과 자의식이 강하게 배어나오는 시들도 있다. "내버려 두세요, 그들이 / 낭만주의자들과 함께 나를 묻어 버리도록, / 그 뾰족한 노란 이파리들이 / 떨어져서 나를 덮어 버리도록" 하는 (〈아침 기도〉4) 대목에서는 어느 특정한 유파나 그룹에 속하지 않고 활동한 시인으로서의 자의식, 서정시가 한물 간 흐름으로 치부되던 때 변함없이 서정시를 쓰는 시인으로 스스로를 규정하면서 시를 쓴 시인이 그 고립에도 불구하고 완강하게 버티어 내겠다는 의지가 읽힌다. 하지만 그 버팀도 독야청청하겠다는 의지이기보다는 수동적인 견딤과 수용에 가깝다. 바로 이어지는 시 〈실라꽃〉에서 무리를 짓는 인간들의 일이 얼마나 무의미한지, 동시에, 꼿꼿하게 신과 비슷한 수준으로 나르시시즘으로 무장한 인간들의 모습을 함께 응시하면서 "왜 / 너희는 목소리를 보물처럼 여기니, / 어떤 것이 된다는 건 / 아무것도 아닌 것과 비슷한데?"라고 묻는 것이 그러한 수긍과 수용, 버림의 자세를 말해 준다.

〈실라꽃〉이 인간에게, 정원사-시인에게 던지는 질문처럼, 어쩌면 이 시집에서 목소리들의 출발점과 도착점, 화자와 청자의 관계를 나누는 것은 큰 의미가 없는 것일지도 모른다. 각각의 목소리는 각각의 존재 안에서 독립적으로 말을 하지만 서로 겹쳐져 있다. 〈산 사나무〉는 "나란히 있되, 손을 잡지는 않고" 여름 정원을 걷는 사람들을 본다. "움직일 수 없는 것들은 / 바라보는 법을 배우지"라는 깨달음은 꽃의 것이기도 하고 나무의 것이기도 하고, 비체(卑體)로서의 인간의 것이기도 하다. 글릭의 시에서는 낮은 자리에 있는 존재가 지혜를 알고, 높은 자리에 있는 존재가 화를 낸다. 인간의 열정 혹은 분노가 애써 모은 전부를 떨어뜨리기도 한다는 시의 말미에 이르러서는 식물성의 힘이 인간의 우둔함을 짚고 있음이 더욱 선명해진다.

때로 꽃은 인간과 신에게 동시에 말을 걸기도 한다. 〈제비꽃〉에서 제비꽃이 "무엇이 / 당신을 우리에게로 데려왔을까요, / 당신을 가르칠 우리에게로"라고 말할 때, 작고 여리고 숨겨진 꽃의 작음은, 인간과 신이 만든 이 거대한 세계를 무릎 꿇게 한다. 세계의 파고 속에서 큰 손을 쥐고 무릎 꿇고 우는 인간과 "가여운 슬픈 신"은 겹쳐 호명된다. 작고 보잘 것 없는 식물성의 존재가 정원을 가꾸는 인간, 이 세계를 만든 신보다 더 큰 힘으로 올라서는 것은, 그 다음 시 〈개기장풀〉에서 극대화된다.

내가 만들 세상

개기장풀은 어디서나 흔히 볼 수 있는 키 큰 잡초다. 정원사의 손에 뽑혀 나가야 하는 잡초의 운명, 이는 문명사회에서 화형에 처해지는 "마녀"(witch)의 운명과 비슷하다. 특히 미국 사회에서 마녀는 미국이라는 국가의 건국 안에 깃든 뿌리 깊은 죄의식이다. 미국

동부 매사추세츠 주, 세일럼의 역사를 떠올려 보면 어렵지 않게 수긍이 간다. 뽑혀져 나갈 운명인 잡초가 "살아남기 위해서 당신의 찬사는 / 필요 없습니다"라며 어느 누구보다 먼저 이 들판에 깃든 자신의 존재를 긍정할 때, 이 긍정에 대들 수 있는 존재는 없어 보인다. 시의 마지막 "내가 그 들판을 만들 것입니다"(I will constitute the field)는 번역을 할 때 가장 오래 고민한 대목인데, 우리말로 흔히 '설립하다'로 해석되는 단어가 "constitute"인데 우리말의 그 대칭은 영어의 원래 뜻을 다소 좁히고 왜곡하는 측면이 있다. 'constitute'는 부분으로 전체를 이루겠다는 말이며 내가 이 세상의 '입법자'가 되겠노라는 공식 선언이다. 마치 하느님이 이 세계를 만든 것처럼. 예쁜 꽃만 남겨 두고 잡초는 뽑아 버리는 정원사가 정원을 가꾸는 방식과는 다르게, 잡초가 이 들판을 무성하게 덮어 버리겠다는 선언, 비체들의 반란인 셈이다.

여기서 "field" 또한 여러 층위의 의미를 품고 있는 말이다. 일차적으로는 '들판'이지만, 이 들판은 이 세계의 축소판이다. 모두가 서로 잘난 듯 다투는 현장이자 싸움터(battlefield)다. 서로 잘났다고 떠들며 판을 짜는 시인들의 세계, 내 안의 서로 다른 나가 시시각각 싸우는 의식의 세계(field of consciousness), 짐짓 평화를 가장하고서 무수히 죽고 죽이는 부부의 세계. 그 세계에서 잡초가, 뽑혀 나가야 할 마녀의 풀이 말한다. 내가 이 세계에서 나의 판을 짜겠노라고. 당신 도움, 당신 이름, 당신 칭찬 없이 말이다. 이는 정원사-인간에 대한 거부를 넘어, 이 세계를 만들어 이름을 부여하고 호명하는 신에 대한 거부이기도 하다. 부분이 전체를 만드는 것의 의미에 권위를 부여하는 단어 "constitute"를 택한 시인의 선택은, 평범한 일상 언어가 만드는 시의 반란을 통해서 시의 전복적인 수행성을 효과적으로 잘 보여 주는 통쾌한 예다. 이제 어느 누구도 이 세계에서 마녀의 풀 잡초를 쉽게 뽑지 못할 것이니 말이다.

〈꽃양귀비〉는 "위대한 것은 / 생각이 있는 게 / 아니랍니다. 느낌들"로 시작한다. 시의 원문은 "The great thing / is not having / a mind. Feelings:"인데, 여기서 "mind"는 이성을 앞세운 생각 혹은 마음이란 뜻이다. 윌리엄 블레이크(William Blake)의 시 〈런던〉(London)에 "mind-forged manacles"란 대목이 나오는데, "마음이 벼려낸 사슬들"로 흔히 해석하는 이 구절 또한 느낌보다 합리적 이성을 앞세운 사유를 의미하는 대목이다. 모든 인간은 마음이 만드는 사슬에서 자유롭지 않다. 누구도. 나 또한 여기에 묶여 있다는 걸 깨닫는 때가 바로 해방의 순간인데 블레이크는 "모든 사람"(every man)이 여기 갇혀 있음을 본다. 꽃이 인간에게 전하는 말로 이 시를 읽을 때, 사물을 판단하는 사유의 작용으로 "느낌"과 구별되는 단어를 내세워야 했다. 그래서 블레이크적인 문제의식을 품은 구절임에도, "마음"보다는 "생각"이 더 적절한 단어로 여겨져 고심 끝에 선택했다. 비슷한 고민이, 영어 "heart"다. 경우에 따라서 가슴이 될 수도 있고, 심장이 될 수도 있는데, 시에서는 같은 단어로 반복되지만, "그분께 / 나를 열어서, 제 가슴의 / 불을 보여 주지요, 그가 제 가슴에 / 있는 것만 같은 그런 불을. / 심장이 없다면 그런 영광이 / 어떻게 가능할까요?"라고 문맥에 따라서 각각 가슴과 심장으로 달리 옮겼다. 위대한 것은 생각이 아니라 느낌이라는 꽃양귀비의 전언은 산산이 부서졌기에 말을 한다는 시의 말미에 와서 더 선연해진다. 우리는 권위를 부여받은 말이 있어서 말을 하는 것이 아니다. 상처받고 부서지고 깨졌지만, 그 깨진 조각조각들, 산산조각이 난 것들로 우리는 말을 이어간다. 왜냐면 그래야 하니까. 이것이 붉디붉은 꽃양귀비가 이제는 자신을 꼭 닫고 사는 인간에게 전하는 말이다.

〈하늘과 땅〉은 시인의 시 세계에서 많은 부분을 차지하는 남녀 관계에 대한 질문을 품고 있다. "어떻게 내가 남편을 떠날 수 있을까?"라는 질문은 겉으로는 평화롭게 일상을 영위하지만, 불쑥불쑥 떠날 생각을 하는(하게 되는, 결혼생활이란 것이, 그렇다) 아내의 의식을 그린다. 제목이 하늘과 땅인 것이 흥미롭다. "정원 가장자리에서 / 타오르는 단풍나무에 / 완전히 사로잡혀서 / 정말로 오도가도 못하고" 있는 여름 해를 보면, 이 지상의 현실에 사로잡힌 것이 인간인지 신인지 나무인지 잘 모르겠다. 어쩌면 신이 인간에게 사로잡혀 있는 것인지도 모른다. 인간이 꽃에 사로잡혀 있듯이. 마찬가지로 자기를 떠날 생각을 하고 있는 아내는 상상도 못하고 의기양양한 이 세상의 남편들은 이 반란을 끝내 알 수 없을 것이다. 마침내 아내가 완전히 떠날 것을 선언할 때까지. (실제로 글릭은 1996년에 존과 결혼 생활을 끝냈다.)

'너머'를 모르는 목소리들

시집 후반부에도 이처럼 아내이자 엄마인 시인 자신의 목소리가 자주 드러난다. 꽃이나 식물, 자연물, 신의 목소리를 입고도 시인의 시선은 이 세계의 매일의 현장을 바라본다. 아이들 무리, 무리에서 낙오된 한 아이(〈입구〉), 각자 다른 것을 원하는 인간들에게 어떻게 도와줄까 묻는 〈한여름〉의 신의 목소리는 매일 투닥 투닥 질문하는 아이들에게 지친 엄마의 목소리이기도 하다. 그 지친 일상을 신-어머니-대지는 묵묵히 견딘다. 정원사-시인-인간은 애써 일상을 달래며 농사를 짓는다. 인간의 열망과 질문에 침묵하는 신의 목소리가 길어져도 그 길어진 부재를 견딘다. 해충의 반점이 돋아 이른 어둠 속에서 떨어지는 덩굴들을 보면서 나의 "책임"을 자각한다(〈저녁 기도〉2). "계속하세요: 당신 생각을 말해 봐요. 그 정원은 / 진짜 세상이 아니랍니다. 기계들이야말로 / 진짜 세상이지요"(〈데이지꽃〉) 당돌하게 이 세계의 질서를 질문하는 꽃의 질문은 계속 이어진다. 그렇다면 신과 인간은 어떠한가?

"모든 일들이 내게 일어난 후, / 공허함이 밀려왔다"고 고백하는 여름 끝자락, 신의 공허함은 아이를 다 키워 놓고 난 후에 느끼는 중년의 어머니의 공허함이기도 하고, 애써 형식과 행간을 생각하며 시를 짓는 시인의 공허함이기도 하다. "형식 안에서 내가 지녔던 기쁨에는 / 한계가 있다"의 그 형식은(〈여름의 끝〉) 이 세계의 질서를 창조한 신의 고민인 동시에 시의 행간을 두고 하는 시인의 고민, 모든 창작품을 바라보는 크고 작은 창조자의 고민이다. 이제 찬란한 햇살이 땅 속으로 숨는 여름의 끝에서 "대지에 비치는 / 천상의 공허함"을 무엇으로 달랠 것인가. 시집 후반부를 차지하는 〈저녁 기도〉 열 편의 목소리들은, 열망이 거두어진 자리의 공허와 기다림 속에서 여전한 평화를 응시한다. 그 평화는 그렇다고 해서 여름 지나 가을 걷이 끝나고 겨울에 들어가는 것처럼 항구적인 평화는 아니다. 정원사-시인이 신에 항변하는 음성도 계속되고, 뒤이어 신이 다시 인간에게 묻고 당부하는 목소리들도 여전히 견고한 이 세계의 해소되지 않는 질문들을 품고 있다.

가령, "당신 우리가 모른다 생각했죠. 아뇨 언젠가 우린 알았어요, / 아이들은 이런 것들 알아요"(〈저녁 기도〉6)라고 말을 할 때의 시인은 근친상간을 연상케 하는 인간 세계의 고통을 당신이 아니면 누가 만들었겠냐고 항변하고, 신은 "땅이 내게 기쁨을 줘야 한다고 / 너희들 어떻게 말할 수 있는지?"의 목소리로 그 항변을 되받아치면서 "너희들이 내 아이들이라는 걸 절대 잊지 말아라. / 너희들이 서로를 만졌기에 고통스러운 게 아니라, / 너희들이 태어났기 때문에, / 너희들이 내게서 분리된 삶을 / 살고 싶어 했기 때문"(《이른 어둠》)이라고 말한다. 서로가 여전히 서로를 이해하지 못하는 이 세계의 질서와 혼돈과 오해와 피로를 신은 신대로, 인간은 인간대로, 식물은 식물대로 견디고 있다. 풍요와 결실을 떠올리는 것이 자연스러운 〈수확〉의 들판에서도 신은 다시 겨울로 돌입하는 이 땅의 섭리를 알려 주면서 그 형벌을 견디라고 이야기한다. 장미도, 나팔꽃도, 반복되지 않는 이 생의 채찍과 형벌을 은총처럼 견딘다. 〈나팔꽃〉에서 "나 다시는 / 오르도록 허락되지 않기에, / 어떤 식으로든 나의 생을 / 반복하는 건 절대 허락되지 않기에"라고 말하는 목소리는 나팔꽃의 목소리이고, 독자는 비록 자연 세계의 나팔꽃은 다시 피어나리란 것을 알지만 그 목소리는 그 한때, 산사나무에 감긴 그 나팔꽃만의 고유한 외침이다. 단독자의 고립과 외로움을 꽃은 꽃으로서 안고 간다. 때가 지나, 시절 지나, 꽃이 다시 꽃으로 귀환한다는 것을 꽃은 알지 못한다. 인간이 죽음 너머를 알지 못하듯이.

그렇다고 하여 그 모든 존재의 순간들이 온통 '무'(nothing)인 것은 아니다. 〈프레스크 아일〉에서 시인이 회상하는 어떤 기억처럼, 모든 생애의 어떤 순간은, 하나의 이미지로 남는다. 〈물러가는 빛〉에서 장성한 자식을 바라보는 어머니의 시선을 하는 신의 목소리는 한 존재가 다른 존재에게 주는 기쁨을 명확하게 안다. 상실과 비통을 끌어안는 수긍이다. 서로가 의식을 하든, 의식을 하지 않든, 더 이상 내가 그 다른 존재에게 필요한 순간이 오지 않더라도, 그 어린 날의 기쁨과 추억과 기억 속에서 서로는 서로에게 가 닿고 완성되는 것이다. 그렇기 때문에 신은 인간에게 계속 말한다. 세상을 사랑하라고. 그리하여 신은 인간에게 완벽하게 돌아서지 못하게 한다. 신은 우리에게 그런 배반을 가르치지 않았기에 인간은 남아서 적막해진다. "어째서 당신은 내가 마지막에 / 적막해지길 바라시나요, 내가 희망에 그리도 목매는 걸 당신이 원치 않으시면"이라는 질문(《저녁 기도》7)은 다가오는 별리를 막지 못한다. 그래서 "내 인생의 사랑, 당신은 / 사라졌고, 나는 다시 / 젊어진다"(《저녁 기도: 재림》)는 꽃들이 산산이 부서진 가을과 겨울의 계절이다. 정말 아무 것도 아니었던 당신은 이제 하나의 이미지로 남아 도처에 있다. 사랑을 떠나보낸 이의 상실이고, 가장 믿었던 존재를 내려놓는 자의 텅 빈 공허지만, 그 떠나보낸 당신은 역시 이번에도 완전한 "무"는 아니어서 지혜와 고뇌의 원천으로 도처에 있다. 어쩌면, 이 상실은 부재가 증명하는 사랑의 방식일 것이다.

이처럼 아름다운 작별

시의 후반부에 들리는 음성은 이처럼 상실을 견디는 자의 인내가 주를 이룬다. 그러고 보면 이 인내는 다시 시의 처음으로 돌아가 죽음을 딛고 피어나는 야생 붓꽃과 눈풀꽃과 부서져 말하는 꽃양귀비의 세계를 예비하고 준비하는 인내가 될 것이다. 그렇기 때문에 〈저녁노을〉은 엇갈리는 절망과 슬픔과 오해 속에서도 언제나 너의 목소리는 내게 닿는다는 걸 아는지도 모른다. 한결같은 전망을 주지 못하는 세계에서 우리가 배워야 할 것은 여전히 나(신-타자)

를 사랑하는 법. 침묵과 어둠을 사랑하는 법이라고 말하는 것은 그런 이유다(《자장가》). 여전히 〈구월 황혼〉은 "나 너희들 없이 살 수 있어"라고 말하면서 "가장 깊은 애도의 상상"을 끝냈다고 호기롭게 외치지만, 우리는 이쯤에서 안다. 오고 또 가는 그 망각이 끝내는 다른 길을 열어 보이리라는 것을.

시집은 백합들의 세계에서 끝이 난다. 죽어가는 백합이다. 활짝 피어나던 무성한 한 철이 지났으니까. 그 지나침, 그 상실을 견인할 수 있는 것은 아무 것도 없다. 나를 키운 당신, 정원사-시인-아버지-하느님, 그 어떤 존재도 나의 죽음을 어쩌지 못한다. 마지막 시 〈흰 백합〉에서 남자와 여자는 여전히 정원을 하나 만들고 있다. 여름 저녁이다. 하루 저녁에 파국이 몰려와 모든 것이 끝날 수 있는 저녁이다. 이 세계는 그런 곳이다. 무한으로 이어질 것 같은 평화가 한순간에 끝날 수 있는 곳. 이 연약함에 깃든 존재들이 그러나, 여전히 환하게 피어 있다. 양귀비꽃의 물결로.

쉿, 사랑하는 이여. 되돌아오려고 내가
몇 번의 여름을 사는지 그건 내게 중요하지 않아요
이 한 번의 여름에 우리는 영원으로 들어갔어요.
그 찬란한 빛을 풀어 주려고 나를 파묻는
당신 두 손을 나 느꼈어요.

〈흰 백합〉 부분

흰 백합은 죽음으로 들어갈 준비를 하고 있다. 흰 백합의 목소리는 사랑의 상실을 앓고 견디는 인간의 목소리이기도 하다. 이 한 번의 여름이면 된 거다. 우리가 영원으로 들어갔던 그 한 시절이면

된 거다. 이 세상에는 다시 찬란한 빛이 뒤덮일 것이고 햇살은 햇살의 일을 할 것이고, 꽃은 꽃의 일을 할 것이다. 그것이 견딤이든 준비든. 나를 파묻는 당신 두 손을 느끼는 나(백합)는 그 파묻힘을 온전히 받아들인다. 인간 세계에서 그걸 무엇으로 표현하든 그건 중요하지 않다. 나는 시집을 덮으며 이 구절에 이르러 안도한다. 나를 파묻는 당신. 그 상실, 그 기다림, 괜찮다, 괜찮다, 다 괜찮다. 이 한 번의 여름이 있었으니. 몇 번의 여름을 사는지, 다시 귀환하게 될지 아니면 그걸로 끝이 날지, 그건 생각할 필요가 없다. 쉿, 사랑하는 이여, 그대로 되었어요. 괜찮아요. 잘 자요. 이처럼 아름다운 작별이라니. 다시 만나자는 말 따위 필요 없는 이처럼 고적한 수긍이라니!

글릭의 정원에 사는 목소리들은 때로 거부하고 대들고 항변하면서 불온한 전복성으로 이 세계의 질서를 뒤엎지만, 온전한 수용과 내핍의 세계에서 편안하다. 시들은 "내 말 좀 들어 봐"라며 가상의 청자를 끌고 들어와 말하지만, 많은 경우, 그 말은 다시 질문이 되어 돌아온다. 풀은 인간에게 묻고 인간은 신에게 묻고 신은 다시 풀에게 인간에게 되묻는다.《야생 붓꽃》은 질문하는 목소리로 가득한 시집이다. 저마다 홀로이지만 저마다 서로 엮여 있는. 각각의 목소리가 던지는 질문은 다시 자신만의 대답을 품고 있고. 저마다 자기 무대 위에서 모놀로그를 하고 있지만, 결국은 큰 트라이얼로그가 되는 이 시집의 목소리는 결국 시를 읽는 우리 자신에게로 돌아온다.

글릭의 시에 가장 집중하던 시절은 버클리에서 팬데믹을 만났던 그 여러 달의 시간이었다. 혼자였고, 멀리 있었다. 대학 도서관 지하에서 육중한 서가를 밀어서 글릭의 시집들을 빌려 걸어서 집으로 돌아오던 오후가 생각난다. 버클리 대학에서 자주 가던 장소가 있는데 노란 꽃이 만발한 낮은 동산이었다. 동네 어디서든 흔하게 피는 꽃이었다. 집으로 돌아오던 중에 정원을 가꾸고 있는 어느 아담한 집의 주인에게 그 노란 꽃의 이름을 물었다. "Oxalis"라고 답을 하더니 "It's a weed. Not a flower."라고 두 번이나 강조를 하는 것이다. 그래서 노란 꽃이 내 눈에는 너무 예쁜데, 꽃과 잡초의 차이가 뭐냐고 되물었다. 잡초는 돌보지 않아도 된다고, 혼자 무럭무럭 잘 자란다는 답이 돌아왔다. 그렇다면 더욱 좋다고, 잡초여서 더 좋지 않냐고 되물었다. 글릭이 마녀의 꽃 '개기장풀'을 가지고 한 말은 사실 글릭이 자신에게 하는 말이기도 하다. 시에 화려한 미문이나 상징이 없어도 되고 좋은 대학의 졸업장이 없어도 된다. 시인은 외톨이여도 상관없다. 사랑은 잃어도 된다. 몇 번의 여름을 사는지 중요하지 않다. 그 한 번의 여름이면 충분하다.

시인이 우리 모두에게 전하는 말은 매 페이지마다 다른 얼굴, 다른 목소리로 나타나지만, 번역을 마무리하며 드는 생각은 이거다. 우리 각자는 우리의 빛을 만들면 된다. 나를 파묻는 당신 두 손을 나는 고맙게 맞으리라. 다시 한 번, 글릭의 정원에는 꿀벌이 없어도 된다. 이것이 죽음을 견뎌 낸 생존자 시인이 우리에게 전하는 낮은 음성이다.